Pour ou contre le port d'armes

Débat entre liberté individuelle, sécurité collective et enjeux sociétaux

Par

Jordan Garcia Lopez

Table des matières :

INTRODUCTION

I. Fondements et cadre juridique

    A. Histoire du droit de porter des armes

    B. Législations actuelles dans différents pays

    C. Interprétations constitutionnelles (cas des États-Unis)

II. Arguments en faveur du port d'armes

    A. Droit à l'autodéfense

    B. Dissuasion contre la criminalité

    C. Protection contre la tyrannie gouvernementale

    D. Liberté individuelle et responsabilité personnelle

    E. Traditions culturelles et sportives

III. Arguments contre le port d'armes

    A. Risques accrus de violence et d'accidents

    B. Facilitation des crimes et des suicides

    C. Escalade des conflits interpersonnels

    D. Sentiment d'insécurité dans la société

    E. Défis pour les forces de l'ordre

IV. Impact social et économique

    A. Coûts de santé publique liés aux blessures par armes à feu

    B. Industrie des armes et son poids

économique

C. Influence sur les politiques de sécurité publique

D. Effets psychologiques sur la population

V. Alternatives et solutions intermédiaires

A. Contrôles renforcés et vérifications des antécédents

B. Formation obligatoire et permis

C. Restrictions sur certains types d'armes

D. Technologies de sécurité (armes intelligentes)

VI. Perspectives internationales

A. Comparaison des politiques et des résultats entre pays

B. Trafic d'armes et enjeux transnationaux

C. Influence des normes culturelles sur les politiques

VII. Défis futurs et évolutions possibles

A. Impact des nouvelles technologies (impression 3D, etc.)

B. Changements démographiques et sociétaux

C. Équilibre entre sécurité et liberté dans un monde en mutation

CONCLUSION : Vers un consensus social sur le port d'armes ?

INTRODUCTION

Le débat sur le port d'armes est l'un des sujets les plus polarisants et passionnés de notre époque. Profondément ancré dans l'histoire, la culture et la politique de nombreuses nations, il soulève des questions fondamentales sur la nature de la liberté individuelle, la sécurité publique et le rôle de l'État dans la société moderne.

Depuis des siècles, les armes ont joué un rôle central dans le développement des civilisations, servant à la fois d'outils de protection et d'instruments de pouvoir. Aujourd'hui, alors que nos sociétés évoluent rapidement face aux défis du XXIe siècle, la question du port d'armes reste d'une actualité brûlante, divisant l'opinion publique et façonnant les politiques nationales.

Ce livre se propose d'explorer de manière impartiale et approfondie les arguments pour et contre le port d'armes. Notre objectif n'est pas de convaincre le lecteur d'adopter une position particulière, mais plutôt de fournir une base solide de connaissances et de réflexions pour permettre à chacun de se forger sa propre opinion éclairée.

Nous examinerons les fondements historiques et juridiques du port d'armes, analyserons les données statistiques pertinentes, et explorerons les implications sociales, économiques et psychologiques de différentes politiques en matière d'armement. Nous donnerons la parole à des experts de divers horizons - juristes, criminologues, sociologues, historiens - ainsi qu'à des citoyens ordinaires dont les vies ont été directement affectées par cette question.

Au fil de ces pages, nous aborderons des sujets aussi variés que le droit à l'autodéfense, la prévention de la criminalité, les libertés constitutionnelles, la sécurité publique, et l'impact des armes sur la dynamique sociale. Nous explorerons également les perspectives internationales, comparant les approches de différents pays et leurs résultats.

Dans un monde où la violence armée reste une préoccupation majeure, où les technologies évoluent rapidement, et où les sociétés sont en constante mutation, il est plus important que jamais d'avoir un débat ouvert, honnête et nuancé sur le port d'armes. Ce livre se veut une contribution à ce dialogue essentiel, invitant le lecteur à réfléchir de manière critique et à envisager cette question complexe sous tous ses angles.

Que vous soyez fermement ancré dans vos convictions ou en quête de clarté sur ce sujet controversé, nous espérons que cet ouvrage vous offrira de nouvelles perspectives et enrichira votre compréhension de l'un des débats les plus cruciaux de notre temps.

I. Fondements et cadre juridique

A. Histoire du droit de porter des armes

Le droit de porter des armes a des racines profondes qui remontent à des époques où les armes étaient à la fois des outils de survie et des symboles de pouvoir. Dans l'Antiquité, les armes étaient essentiellement utilisées pour la chasse, la guerre, et la défense personnelle, et leur possession était souvent un signe de statut social. Dans la Rome antique, par exemple, les citoyens libres avaient le droit de porter des armes pour se protéger, tandis que les esclaves et les non-citoyens en étaient généralement privés.

Au Moyen Âge, en Europe, le port d'armes était étroitement lié au système féodal. Les chevaliers, en tant que vassaux, avaient l'obligation de porter des armes pour servir leur seigneur. En parallèle, certaines communautés, notamment les villes libres, mettaient en place des milices pour se défendre contre les envahisseurs. Ces milices étaient souvent composées de citoyens armés, reflétant une première forme d'organisation collective autour du port d'armes.

Avec la montée des États-nations à partir de la Renaissance, le port d'armes est devenu un sujet de régulation accrue. Des monarchies comme la France et l'Angleterre ont commencé à encadrer plus strictement l'accès aux armes, cherchant à limiter le pouvoir des seigneurs féodaux et à consolider leur autorité centrale. En Angleterre, le célèbre *Bill of Rights* de 1689 a affirmé le droit des Protestants de porter des armes pour leur défense, marquant une étape importante dans la reconnaissance légale de ce droit.

Le droit de porter des armes a pris une dimension nouvelle avec les révolutions américaine et française à la fin du XVIIIe siècle. Aux États-Unis, le *Second Amendment* de la Constitution, ratifié en 1791, garantit explicitement le droit des citoyens de porter des armes, une disposition qui trouve ses origines dans la méfiance envers les gouvernements tyranniques et la volonté de préserver la liberté individuelle. En France, la Révolution de 1789 a également entraîné un débat sur le droit de porter des armes, bien que ce droit n'ait jamais été inscrit de manière aussi explicite dans les textes juridiques.

B. Législations actuelles dans différents pays

Les législations sur le port d'armes varient considérablement à travers le monde, reflétant les différentes cultures, histoires, et priorités des nations. Aux États-Unis, le *Second Amendment* garantit le droit de porter des armes, bien que les États individuels puissent imposer des restrictions variées. La législation américaine se distingue par son approche relativement permissive, où le droit individuel de posséder des armes est fermement protégé. Cependant, les États-Unis ne sont pas homogènes en la matière : la Californie, par exemple, impose des lois beaucoup plus strictes que des États comme le Texas.

En Europe, la majorité des pays ont adopté des régulations strictes sur le port d'armes, reflétant une approche plus prudente face à la violence armée. En Allemagne, la possession d'armes à feu est soumise à des conditions rigoureuses, telles que des vérifications approfondies des antécédents et l'obligation de prouver une nécessité légitime. La France, de son côté, régule sévèrement le port d'armes, en réservant ce droit principalement aux forces de l'ordre et en imposant des contrôles stricts pour les particuliers.

En Asie, les législations sont également très restrictives. Au Japon, par exemple, le port d'armes à feu est presque totalement interdit, sauf pour des usages très spécifiques comme la chasse. Le processus pour obtenir une licence est extrêmement rigoureux, et la possession illégale d'armes est sévèrement punie. La Chine, quant à elle, interdit presque totalement la possession d'armes à feu par des civils, réservant ce droit exclusivement à l'armée et aux forces de sécurité.

En Afrique du Sud, pays marqué par un taux élevé de criminalité, la législation sur le port d'armes est paradoxalement l'une des plus strictes du continent. Depuis la réforme de 2000, il est nécessaire de passer par un processus complexe de demande de licence, incluant des formations sur la sécurité et des vérifications de caractère.

C. Interprétations constitutionnelles (cas des États-Unis)

Le *Second Amendment* de la Constitution des États-Unis, ratifié en 1791, a été source de nombreux débats et interprétations juridiques au fil des siècles. Ce texte, qui déclare que "le droit du peuple de détenir et de porter des armes ne sera pas enfreint," est à la base de la plupart des discussions sur le port d'armes aux États-Unis. Son interprétation a évolué, influencée par les contextes politiques, sociaux et économiques.

Historiquement, l'interprétation du *Second Amendment* a oscillé entre deux grandes écoles de pensée. La première, appelée interprétation collective, considère que le droit de porter des armes était destiné à permettre l'existence de milices bien régulées, nécessaires à la sécurité de l'État. Selon cette vision, ce droit n'était pas conçu pour protéger la possession individuelle d'armes, mais plutôt pour garantir la défense collective.

La deuxième école, l'interprétation individuelle, affirme que le *Second Amendment* protège le droit de chaque citoyen de posséder et de porter des armes, indépendamment de sa participation à une milice. Cette interprétation a gagné du terrain au fil des ans, notamment avec l'arrêt *District of Columbia v. Heller* en 2008, où la Cour suprême des États-Unis a statué que le *Second Amendment* protège un droit individuel de posséder une arme à feu pour la légitime défense à domicile.

L'arrêt *McDonald v. City of Chicago* en 2010 a ensuite étendu cette protection au niveau des États, en appliquant le *Second Amendment* par le biais du *Fourteenth Amendment.* Ces décisions marquent une avancée significative vers une interprétation plus expansive du droit individuel de porter des armes, en particulier dans un contexte de légitime défense.

Cependant, ces interprétations ne sont pas exemptes de controverse. Les opposants à une lecture large du *Second Amendment* soulignent que cette interprétation risque d'encourager une prolifération des armes à feu, avec des conséquences potentiellement désastreuses pour la sécurité publique. D'autres critiquent la déconnexion entre l'esprit du texte original, rédigé à une époque de milices citoyennes, et la réalité contemporaine, où la présence d'armes à feu dans la vie quotidienne des Américains peut engendrer plus de risques que de protections.

En résumé, le cadre juridique du port d'armes est complexe et varie grandement selon les pays, reflétant des traditions historiques, des priorités culturelles, et des choix politiques différents. Aux États-Unis, le débat reste particulièrement vif, avec des interprétations constitutionnelles qui continuent d'évoluer au gré des décisions de la Cour suprême et des changements sociétaux.

II. Arguments en faveur du port d'armes

A. Droit à l'autodéfense

Le droit à l'autodéfense est souvent cité comme l'un des arguments les plus convaincants en faveur du port d'armes. Les partisans de cette position soutiennent que chaque individu a le droit fondamental de se protéger, ainsi que sa famille et ses biens, contre les menaces immédiates. Dans des situations où l'intervention des forces de l'ordre est impossible ou tardive, la possession d'une arme à feu peut être perçue comme une garantie ultime de sécurité personnelle.

Cet argument est particulièrement fort dans les zones où les temps de réponse des forces de l'ordre sont longs ou dans des contextes ruraux où les services de police sont moins présents. La possibilité de se défendre soi-même devient alors cruciale. Les défenseurs de cette idée soulignent également que les criminels, qui agissent souvent de manière imprévisible et violente, sont dissuadés de s'en prendre à des personnes armées, car la perspective de rencontrer une résistance armée augmente le risque pour eux.

Par ailleurs, dans le cadre du droit à l'autodéfense, certains plaident que la possession d'armes est un moyen de garantir une certaine égalité face à des agresseurs potentiellement plus forts ou mieux armés. Ainsi, une personne vulnérable, comme un individu âgé ou une personne vivant seule, peut compenser cette faiblesse physique par l'accès à une arme, rééquilibrant ainsi le rapport de force en cas d'agression.

B. Dissuasion contre la criminalité

La dissuasion contre la criminalité constitue un autre argument central en faveur du port d'armes. L'idée sous-jacente est que la possibilité pour les citoyens d'être armés pourrait faire réfléchir à deux fois les criminels avant de commettre des actes répréhensibles. La simple connaissance que des armes à feu sont présentes dans une communauté peut créer une incertitude chez les délinquants potentiels, ce qui pourrait réduire le nombre d'infractions.

Ce point de vue est soutenu par certaines études et statistiques qui montrent une corrélation entre des taux élevés de port d'armes et une baisse de certains types de crimes, notamment les cambriolages. Dans les États américains où les lois sur le port d'armes sont plus permissives, les défenseurs de cette théorie notent une diminution des crimes violents, suggérant que les criminels préfèrent cibler des victimes désarmées ou des zones où le port d'armes est restreint.

En outre, l'idée de dissuasion est également liée à la notion de sécurité collective. Si un nombre suffisant de citoyens est armé, cela pourrait non seulement protéger ces individus, mais aussi créer un environnement globalement plus sûr, où les actes criminels sont moins fréquents en raison de la menace constante d'une riposte armée. Ce raisonnement est souvent illustré par la théorie du "plus d'armes, moins de crimes," popularisée par certains chercheurs et activistes.

C. Protection contre la tyrannie gouvernementale

Un argument historique et philosophique en faveur du port d'armes est la protection contre la tyrannie gouvernementale. Cette idée est particulièrement ancrée dans l'histoire américaine, où le *Second Amendment* a été conçu en partie pour permettre aux citoyens de se défendre contre un gouvernement devenu oppressif. Les partisans de cette vision considèrent que le pouvoir de l'État doit être équilibré par un pouvoir citoyen, et que le port d'armes est un moyen de garantir cet équilibre.

Selon cet argument, une population armée peut agir comme un frein contre des dérives autoritaires, car un gouvernement hésitera à imposer des mesures tyranniques s'il sait que les citoyens peuvent résister par la force. Cette perspective trouve ses racines dans les révolutions du XVIIIe siècle, où les armes ont joué un rôle crucial dans la lutte contre des régimes perçus comme despotiques.

Ce raisonnement est également renforcé par des exemples historiques où des gouvernements ont désarmé leurs populations avant de commettre des violations massives des droits humains. Les défenseurs de ce point de vue affirment que la possibilité de résister militairement à un régime oppressif est un garde-fou essentiel contre l'abus de pouvoir.

D. Liberté individuelle et responsabilité personnelle

Le port d'armes est souvent vu comme une extension de la liberté individuelle, un droit inaliénable qui permet à chaque citoyen de vivre en accord avec ses propres convictions et besoins en matière de sécurité. Pour de nombreux défenseurs, la possibilité de posséder et de porter une arme est un choix personnel qui relève de la responsabilité de chacun. Il s'agit d'un aspect fondamental de l'autonomie individuelle, où l'État ne doit pas intervenir sauf en cas de nécessité impérieuse.

L'argument de la liberté individuelle est également lié à la responsabilité personnelle. Les personnes qui soutiennent ce point de vue considèrent que le port d'armes encourage une culture de la responsabilité, où les citoyens prennent en charge leur propre sécurité et celle de leur communauté. Cette approche valorise la maîtrise de soi, la discipline, et le respect des lois, en affirmant que la liberté s'accompagne d'une prise en charge des conséquences de ses actes.

Cette philosophie s'étend souvent à une critique des politiques gouvernementales perçues comme paternalistes ou intrusives. Les défenseurs du port d'armes affirment que les citoyens sont mieux placés pour décider de ce qui est nécessaire pour leur sécurité personnelle, plutôt que de dépendre entièrement des forces de l'ordre ou d'autres institutions étatiques. Ainsi, la possession d'une arme devient un symbole de l'autonomie et de la confiance en soi.

E. Traditions culturelles et sportives

Enfin, les traditions culturelles et sportives constituent un argument non négligeable en faveur du port d'armes, en particulier dans les régions où ces pratiques sont profondément ancrées. La chasse, le tir sportif, et même les rassemblements communautaires autour de l'usage des armes font partie de l'identité culturelle de nombreuses populations. Pour ces communautés, le port d'armes dépasse la simple fonction de défense personnelle pour devenir un élément central de leur mode de vie et de leurs traditions.

Dans des pays comme les États-Unis, le tir sportif est une activité largement pratiquée, avec des compétitions locales, régionales, et nationales. La chasse, quant à elle, n'est pas seulement une pratique de loisir, mais aussi un moyen de subsistance dans certaines régions rurales. Les armes à feu, dans ce contexte, sont perçues comme des outils essentiels qui ont été utilisés par des générations pour nourrir leur famille et perpétuer des traditions ancestrales.

Les défenseurs de cet argument soulignent également l'importance du respect des traditions et de la transmission des compétences de génération en génération. Pour eux, le port d'armes est une partie intégrante du patrimoine culturel, qui doit être préservé contre les tentatives de restriction. Ce point de vue est souvent associé à une vision de la liberté qui inclut le droit de maintenir et de pratiquer des coutumes locales sans interférence externe.

En résumé, les arguments en faveur du port d'armes sont variés et complexes, s'appuyant sur des notions de sécurité, de liberté, de responsabilité, et de culture. Ces perspectives reflètent des valeurs profondes qui touchent à la fois à la survie individuelle, à la protection contre l'oppression, et à la préservation des traditions, formant un ensemble cohérent pour ceux qui soutiennent ce droit.

III. Arguments contre le port d'armes

A. Risques accrus de violence et d'accidents

Un des principaux arguments contre le port d'armes est l'augmentation significative des risques de violence et d'accidents. La présence généralisée d'armes à feu, que ce soit dans les foyers ou dans l'espace public, multiplie les probabilités de voir surgir des situations dangereuses où une arme est utilisée de manière inappropriée ou accidentelle. Les statistiques montrent que les foyers possédant des armes à feu sont plus susceptibles d'être le théâtre d'accidents domestiques graves, souvent impliquant des enfants ou des personnes non formées à leur manipulation.

Les situations de stress ou de colère peuvent facilement dégénérer en violence armée lorsque des armes à feu sont accessibles. Une dispute domestique ou un conflit de voisinage, qui se serait autrement résolu par des paroles ou même par une confrontation physique non létale, peut rapidement devenir mortel si l'une des parties a accès à une arme à feu. Cela est particulièrement préoccupant dans les contextes où l'émotion et l'impulsivité prennent le dessus, rendant plus probable une décision irrémédiable.

En outre, le risque d'accidents est exacerbé par des facteurs tels que le manque de formation adéquate sur l'utilisation des armes, la mauvaise gestion du stockage (par exemple, armes laissées à portée de mains d'enfants ou non sécurisées), et l'absence de systèmes de sécurité efficaces sur certaines armes à feu. Ces facteurs combinés font du port d'armes une source potentielle de tragédies évitables, renforçant l'idée que la prolifération des armes à feu contribue à rendre les communautés moins sûres.

B. Facilitation des crimes et des suicides

La disponibilité des armes à feu facilite non seulement les crimes violents, mais aussi les suicides. Les études montrent qu'une grande partie des crimes commis avec des armes à feu sont perpétrés avec des armes obtenues légalement ou par des moyens détournés à partir du marché légal. Le port d'armes légitime la circulation de ces armes dans la société, rendant plus facile leur acquisition par des individus malintentionnés ou instables.

L'accès facile aux armes à feu est également un facteur majeur dans les suicides. Contrairement à d'autres méthodes de suicide, qui peuvent laisser place à des interventions ou des changements d'avis, l'utilisation d'une arme à feu est souvent rapide et irréversible. Dans les pays où la possession d'armes est plus réglementée, les taux de suicides par arme à feu sont significativement plus bas, indiquant que la restriction de l'accès aux armes peut effectivement sauver des vies.

De plus, les armes à feu utilisées dans des crimes sont souvent volées ou revendues sur le marché noir, prolongeant ainsi leur cycle de violence. Chaque arme en circulation augmente le potentiel de son utilisation criminelle, que ce soit pour des braquages, des agressions ou des règlements de comptes. La facilitation des crimes par la disponibilité des armes à feu met en lumière l'échec des politiques qui permettent leur possession généralisée, en exposant la société à des risques accrus.

C. Escalade des conflits interpersonnels

L'escalade des conflits interpersonnels est un autre argument majeur contre le port d'armes. Lorsque des armes sont présentes dans un conflit, même mineur, il existe un risque considérable que la situation se détériore rapidement. Ce phénomène, parfois décrit comme la "légalité de l'escalade", fait référence à la façon dont la présence d'une arme à feu dans un conflit peut transformer une simple altercation en une confrontation potentiellement mortelle.

Des études montrent que les personnes armées sont plus susceptibles de se sentir invincibles ou protégées, ce qui peut les pousser à prendre des risques plus grands ou à provoquer des confrontations qu'elles auraient autrement évitées. Cette dynamique est particulièrement préoccupante dans les situations de colère ou de stress intense, où l'instinct de survie peut amener quelqu'un à utiliser une arme à feu de manière précipitée et disproportionnée.

La présence d'une arme dans une dispute interpersonnelle, qu'elle soit entre partenaires domestiques, voisins ou inconnus, peut également empêcher toute chance de désescalade pacifique. En l'absence d'armes, les conflits peuvent souvent être résolus par la communication ou la séparation des parties. Avec une arme à feu, cependant, même une petite altercation peut avoir des conséquences tragiques et irréversibles.

D. Sentiment d'insécurité dans la société

Le port généralisé d'armes peut aussi engendrer un sentiment accru d'insécurité au sein de la société. Lorsque les citoyens savent que leurs concitoyens peuvent être armés, cela peut créer un climat de méfiance et de peur. Ce sentiment de vulnérabilité peut conduire à une spirale où davantage de personnes choisissent de s'armer pour se sentir protégées, exacerbant ainsi la situation.

Cette culture de l'insécurité est particulièrement visible dans les sociétés où le port d'armes est courant. Les individus peuvent ressentir une pression sociale pour se conformer à la norme d'être armé, même s'ils préféreraient vivre dans une communauté moins militarisée. La perception que tout le monde est potentiellement armé peut également accroître le stress et l'anxiété au quotidien, affectant négativement la qualité de vie.

Par ailleurs, l'omniprésence des armes à feu peut avoir un impact dissuasif sur les interactions sociales. Dans un environnement où les armes sont visibles ou simplement supposées présentes, les personnes peuvent hésiter à exprimer leurs opinions ou à s'impliquer dans des débats de peur que ceux-ci ne dégénèrent. Cela peut entraîner une dégradation du tissu social, où la convivialité et la confiance sont remplacées par la crainte et la réserve.

E. Défis pour les forces de l'ordre

Le port d'armes par les civils pose également des défis significatifs pour les forces de l'ordre. Les agents de police, dont la mission est de protéger la communauté et de maintenir l'ordre public, se retrouvent souvent confrontés à des situations complexes et dangereuses lorsque les civils sont armés. Le risque de confusion et d'escalade est plus élevé, rendant leur travail plus difficile et plus périlleux.

Lors d'interventions, les policiers doivent constamment évaluer les menaces potentielles. La prolifération des armes complique cette tâche, car chaque citoyen rencontré lors d'une intervention peut potentiellement être armé. Cela peut rendre les forces de l'ordre plus nerveuses ou agressives, augmentant les chances d'une réponse excessive ou inappropriée à une situation qui pourrait autrement être gérée pacifiquement.

De plus, le port d'armes par les civils peut brouiller la ligne entre les agents de l'État et les citoyens, notamment lors d'incidents de tir actif. Dans ces situations, les forces de l'ordre peuvent avoir des difficultés à distinguer les tireurs criminels des citoyens armés tentant d'intervenir, ce qui peut entraîner des tragédies involontaires. Ce risque supplémentaire de malentendus et de tirs amis rend les interventions policières plus dangereuses et complexes.

En conclusion, les arguments contre le port d'armes se concentrent sur les nombreux risques et inconvénients que cette pratique entraîne, que ce soit en termes de sécurité publique, de santé mentale, ou de stabilité sociale. Ces arguments soulignent les dangers inhérents à une société où les armes à feu sont largement répandues, et mettent en avant la nécessité de réglementations strictes pour protéger les citoyens et maintenir l'ordre public.

IV. Impact social et économique

A. Coûts de santé publique liés aux blessures par armes à feu

Les blessures par armes à feu représentent un fardeau considérable pour les systèmes de santé publique, avec des coûts directs et indirects qui affectent à la fois les victimes et la société dans son ensemble. Chaque année, des milliers de personnes sont blessées ou tuées par des armes à feu, entraînant des dépenses médicales substantielles pour les soins d'urgence, les hospitalisations, les interventions chirurgicales, la rééducation, et les soins à long terme.

Les coûts directs incluent les frais médicaux immédiats, comme les soins préhospitaliers, les interventions chirurgicales complexes, et les soins intensifs nécessaires pour stabiliser les patients gravement blessés. À ces dépenses s'ajoutent les coûts liés aux traitements à long terme, qui peuvent inclure la rééducation, la gestion de la douleur chronique, et les soins psychiatriques pour les survivants de traumatismes par balle.

En plus des coûts médicaux, il existe des coûts indirects considérables, tels que la perte de productivité due à l'incapacité physique ou mentale des victimes, le stress post-traumatique, et les coûts sociaux liés à l'accompagnement des familles et des communautés touchées par la violence armée. Les pertes de revenus pour les victimes et leurs familles, ainsi que les coûts liés à la diminution de la qualité de vie, sont également des facteurs à considérer.

Par ailleurs, les blessures par armes à feu ont des répercussions importantes sur les infrastructures de santé publique. Les hôpitaux, notamment dans les zones à forte criminalité, peuvent être submergés par l'afflux de patients victimes de violences armées, ce qui peut détourner des ressources cruciales d'autres besoins de santé publique. Les systèmes de santé doivent ainsi allouer des ressources supplémentaires pour gérer ces cas, souvent au détriment d'autres services essentiels.

B. Industrie des armes et son poids économique

L'industrie des armes à feu joue un rôle économique majeur dans de nombreuses régions, avec une influence significative sur l'emploi, la fiscalité, et le commerce international. Cette industrie englobe la production, la distribution, et la vente d'armes à feu, de munitions, et d'accessoires connexes, et elle génère des milliards de dollars en revenus chaque année.

Les fabricants d'armes à feu sont souvent de grandes entreprises qui emploient des milliers de personnes, non seulement dans la production, mais aussi dans des secteurs connexes tels que la recherche et développement, la vente au détail, et la logistique. L'industrie contribue également aux recettes fiscales par le biais de taxes sur les ventes d'armes et de munitions, ainsi que par les impôts sur les sociétés.

Cependant, le poids économique de l'industrie des armes à feu ne se limite pas aux seuls bénéfices financiers. L'industrie exerce également une influence politique importante, notamment par le biais de groupes de pression et de lobbying. Ces entités dépensent des sommes considérables pour influencer les politiques publiques, promouvoir des législations favorables au port d'armes, et s'opposer aux régulations qui pourraient limiter la vente et la possession d'armes.

L'influence économique et politique de l'industrie des armes peut également avoir des effets sur la régulation du marché. Les efforts pour réglementer la production et la vente d'armes sont souvent contrecarrés par des considérations économiques, telles que la protection des emplois dans les régions dépendantes de cette industrie ou la crainte de perdre des parts de marché au profit de concurrents internationaux.

En outre, l'industrie des armes contribue de manière significative au commerce international. De nombreux pays sont de grands exportateurs d'armes, et le commerce d'armes à feu et de munitions représente une part importante des exportations de certains pays. Ce commerce globalisé peut compliquer les efforts de régulation et de contrôle, notamment en ce qui concerne le trafic d'armes et les ventes illicites.

C. Influence sur les politiques de sécurité publique

Le port d'armes a une influence profonde sur les politiques de sécurité publique, modelant les stratégies adoptées par les gouvernements pour assurer la protection des citoyens tout en préservant les libertés individuelles. Les débats sur le port d'armes sont souvent au cœur des discussions sur les politiques de sécurité, avec des implications directes sur la manière dont les forces de l'ordre, les législateurs, et les citoyens perçoivent et réagissent aux questions de criminalité et de violence.

Dans les pays où le port d'armes est largement autorisé, les politiques de sécurité publique doivent souvent tenir compte de la prévalence des armes à feu parmi la population civile. Cela peut inclure des formations spécifiques pour les forces de l'ordre sur la gestion des situations impliquant des citoyens armés, ainsi que des stratégies de prévention de la violence armée, telles que des campagnes de sensibilisation et des programmes de rachat d'armes.

Les politiques de sécurité publique peuvent également être influencées par les lobbies pro-armes, qui plaident pour des lois favorables au port d'armes et qui peuvent s'opposer à des mesures de contrôle des armes à feu. Ce lobbying peut conduire à des compromis politiques qui privilégient les droits individuels sur la sécurité collective, ce qui soulève des questions sur l'efficacité de ces politiques pour réduire la violence armée.

D'un autre côté, les pays avec des réglementations plus strictes sur le port d'armes tendent à adopter des politiques de sécurité publique qui se concentrent davantage sur la prévention et le contrôle des armes à feu. Ces politiques incluent souvent des vérifications approfondies des antécédents, des restrictions sur les types d'armes autorisées, et des initiatives visant à limiter la prolifération des armes dans les communautés.

L'influence du port d'armes sur les politiques de sécurité publique se reflète également dans les débats politiques et médiatiques, où la sécurité des citoyens est souvent mise en balance avec les droits à la liberté individuelle. Les législateurs doivent naviguer entre ces intérêts concurrents pour élaborer des politiques qui répondent aux préoccupations de toutes les parties prenantes, tout en essayant de maintenir la sécurité publique.

D. Effets psychologiques sur la population

Le port d'armes peut avoir des effets psychologiques profonds sur la population, influençant non seulement les individus directement impliqués dans des incidents de violence armée, mais aussi l'ensemble de la société. La présence généralisée d'armes à feu crée un environnement où la menace potentielle de violence est constamment présente, ce qui peut affecter la perception de la sécurité et le bien-être mental des citoyens.

Les personnes vivant dans des communautés où le port d'armes est courant peuvent éprouver un sentiment d'insécurité, même si elles ne sont pas directement touchées par la violence armée. Ce sentiment peut se manifester par une anxiété accrue, une méfiance envers les autres, et une réticence à participer à des activités sociales ou à interagir avec des inconnus. La peur de la violence armée peut également conduire à des comportements d'évitement ou à une surprotection, limitant ainsi la liberté individuelle et la qualité de vie.

Les survivants de violences par arme à feu, ainsi que leurs proches, peuvent souffrir de troubles psychologiques graves, tels que le trouble de stress post-traumatique (TSPT), la dépression, et l'anxiété. Ces effets peuvent être durables et nécessiter des années de traitement, contribuant ainsi à la charge de la santé mentale sur les systèmes de santé publique.

En outre, la présence d'armes à feu dans les foyers peut créer un climat de tension et de peur, notamment dans les situations de violence domestique. Les victimes de violence domestique peuvent se sentir piégées et incapables de chercher de l'aide si elles savent que leur agresseur est armé, ce qui aggrave leur traumatisme psychologique et limite leurs options pour échapper à des situations dangereuses.

Au niveau sociétal, le port d'armes peut également façonner les attitudes et les normes sociales, en renforçant l'idée que la violence est une solution acceptable aux conflits. Cela peut avoir un impact sur la culture collective, où les armes à feu sont normalisées et intégrées dans l'identité nationale ou communautaire, contribuant à une mentalité de "nous contre eux" et à une polarisation accrue de la société.

En conclusion, l'impact social et économique du port d'armes est complexe et multidimensionnel, affectant non seulement les individus mais aussi les structures économiques, les politiques publiques, et la cohésion sociale. Les coûts humains, financiers, et psychologiques associés à la prolifération des armes à feu soulignent la nécessité d'une réflexion approfondie et d'un débat éclairé sur les implications de cette pratique dans nos sociétés modernes.

V. Alternatives et solutions intermédiaires

A. Contrôles renforcés et vérifications des antécédents

Une des premières étapes pour réduire les risques associés au port d'armes tout en respectant les droits individuels est d'instaurer des contrôles renforcés et des vérifications rigoureuses des antécédents avant l'achat ou la possession d'une arme. Ces mesures visent à s'assurer que seules les personnes jugées aptes mentalement, sans antécédents criminels ou comportements violents, puissent accéder aux armes à feu.

Les vérifications des antécédents incluent la collecte d'informations sur le casier judiciaire, les antécédents psychiatriques, les historiques de violence domestique, ainsi que toute autre donnée pertinente indiquant un risque potentiel. Ces contrôles doivent être exhaustifs et mis à jour régulièrement pour inclure les nouvelles informations ou changements dans la situation personnelle du demandeur.

En outre, il est essentiel que ces vérifications ne soient pas seulement effectuées lors de l'achat initial, mais également lors du renouvellement des permis ou des licences, garantissant ainsi une évaluation continue de la capacité d'une personne à posséder une arme. Cela pourrait impliquer des évaluations psychologiques régulières et des enquêtes approfondies en cas de comportements suspects ou d'alertes signalées par la communauté ou les forces de l'ordre.

L'objectif des contrôles renforcés est de créer un équilibre entre la protection de la société contre les risques liés aux armes et le respect des droits des individus à posséder une arme, en filtrant de manière efficace les individus présentant des risques élevés.

B. Formation obligatoire et permis

L'instauration d'une formation obligatoire et d'un système de permis est une autre solution intermédiaire qui pourrait réduire les incidents liés aux armes à feu tout en permettant aux citoyens de continuer à exercer leur droit au port d'armes. Cette approche met l'accent sur la responsabilité personnelle et l'acquisition de compétences essentielles pour manipuler une arme en toute sécurité.

La formation obligatoire devrait inclure plusieurs aspects, comme la connaissance des lois locales sur les armes à feu, les principes de sécurité de base, le maniement technique des armes, ainsi que des simulations de situations d'autodéfense. Des modules sur la gestion du stress et la prise de décision en situation de crise pourraient également être intégrés pour mieux préparer les détenteurs d'armes à réagir de manière appropriée en cas de danger.

En parallèle, un système de permis pourrait être mis en place, exigeant la réussite d'examens théoriques et pratiques avant de pouvoir posséder ou porter une arme à feu. Ce permis, similaire à un permis de conduire, serait valide pour une durée déterminée et pourrait être suspendu ou révoqué en cas de comportement irresponsable ou de violation des règles de sécurité.

L'objectif de cette formation est de réduire les accidents liés à une mauvaise manipulation des armes et de s'assurer que les détenteurs sont bien informés des responsabilités qui accompagnent la possession d'une arme. En exigeant une formation rigoureuse, on peut également diminuer la probabilité que les armes tombent entre les mains de personnes non qualifiées ou dangereuses.

C. Restrictions sur certains types d'armes

Limiter l'accès à certains types d'armes, notamment celles conçues pour un usage militaire ou présentant un potentiel de destruction élevé, est une mesure clé pour minimiser les risques associés au port d'armes. Les restrictions pourraient cibler les armes semi-automatiques, les fusils d'assaut, et les armes à haute capacité de chargeurs, qui sont souvent impliquées dans des massacres de masse.

Ces restrictions peuvent être mises en œuvre de plusieurs manières, y compris l'interdiction pure et simple de la vente de certains modèles d'armes, ou la limitation de leur usage à des contextes spécifiques, comme les activités sportives encadrées par des associations agréées. Dans le cas des armes à haute capacité, les lois pourraient imposer des limitations strictes sur le nombre de munitions que peut contenir un chargeur.

En outre, les armes modifiées pour augmenter leur puissance ou leur cadence de tir pourraient également être soumises à des réglementations plus strictes, voire interdites. Par exemple, les kits de modification qui transforment une arme semi-automatique en automatique pourraient être retirés du marché et interdits à la vente.

Ces mesures visent à réduire l'accès aux armes les plus dangereuses, tout en permettant aux citoyens respectueux des lois de continuer à posséder des armes à feu pour des usages légitimes, tels que la chasse ou l'autodéfense. En limitant l'accès à ces types d'armes, on diminue le risque de massacres de masse et de violences graves.

D. Technologies de sécurité (armes intelligentes)

L'innovation technologique offre également des solutions intermédiaires pour améliorer la sécurité liée au port d'armes. Les armes intelligentes, par exemple, sont conçues pour ne pouvoir être utilisées que par leur propriétaire légitime, ce qui peut réduire considérablement les risques de vol ou d'utilisation non autorisée.

Ces armes utilisent des technologies comme la reconnaissance biométrique, où l'arme est activée uniquement après avoir identifié l'empreinte digitale ou l'iris de l'utilisateur autorisé. D'autres systèmes peuvent inclure des dispositifs de verrouillage électronique qui nécessitent un code ou un signal sans fil spécifique pour déverrouiller et utiliser l'arme.

L'avantage des armes intelligentes est qu'elles peuvent prévenir les accidents domestiques, notamment lorsque des enfants trouvent une arme, ou empêcher les criminels de se servir d'armes volées. De plus, elles peuvent également inclure des fonctions de géolocalisation, permettant aux autorités de suivre les armes perdues ou volées.

Cependant, ces technologies ne sont pas sans défis. Les coûts de production et d'acquisition de ces armes sont souvent plus élevés, et il peut y avoir des préoccupations concernant la fiabilité des dispositifs électroniques dans des situations critiques. Malgré cela, les armes intelligentes représentent une avancée prometteuse pour renforcer la sécurité publique sans compromettre les droits des propriétaires d'armes à feu.

En conclusion, les alternatives et solutions intermédiaires au port d'armes visent à trouver un équilibre entre la sécurité publique et les droits individuels. Qu'il s'agisse de renforcer les contrôles, d'exiger une formation, de restreindre certains types d'armes ou d'exploiter les technologies modernes, ces mesures offrent des voies pour réduire les risques tout en respectant la diversité des opinions et des besoins au sein de la société.

VI. Perspectives internationales

A. Comparaison des politiques et des résultats entre pays

La question du port d'armes est abordée de manière très différente selon les pays, en fonction de leur histoire, de leur culture et de leur cadre juridique. Ces divergences se reflètent dans les politiques adoptées, ainsi que dans les résultats obtenus en termes de sécurité publique, de taux de criminalité, et de perception sociale de la violence armée.

Aux États-Unis, le port d'armes est protégé par le deuxième amendement de la Constitution, ce qui en fait un droit fondamental pour de nombreux citoyens. Cette approche permissive se traduit par un taux de possession d'armes à feu extrêmement élevé, mais aussi par des taux de violence armée et de décès par arme à feu parmi les plus élevés au monde. Les

États-Unis illustrent ainsi un modèle où la liberté individuelle de posséder des armes prime sur les considérations de sécurité collective.

En revanche, des pays comme le Japon et le Royaume-Uni ont opté pour des politiques beaucoup plus restrictives. Au Japon, la possession d'armes à feu est presque totalement interdite, sauf dans des circonstances très spécifiques, comme pour les chasseurs licenciés. Cette approche se traduit par un taux de criminalité par arme à feu extrêmement bas. De même, au Royaume-Uni, la législation stricte mise en place après la fusillade de Dunblane en 1996 a conduit à une réduction significative des crimes violents impliquant des armes à feu.

L'Australie, quant à elle, offre un exemple intéressant d'une nation qui a réformé radicalement ses lois sur les armes à feu après la tragédie de Port Arthur en 1996. Le gouvernement australien a alors mis en place un programme d'achat d'armes et a imposé des restrictions sévères sur la possession d'armes automatiques et semi-automatiques. Les résultats ont été une baisse notable des suicides par arme à feu et des massacres de masse, renforçant l'idée que des politiques strictes peuvent effectivement réduire les risques associés aux armes à feu.

La comparaison entre ces pays montre que les politiques sur les armes à feu et leurs résultats dépendent fortement des contextes nationaux. Tandis que certains pays priorisent la liberté individuelle, d'autres préfèrent accentuer la sécurité publique en limitant fortement l'accès aux armes. Ces approches contrastées offrent des leçons importantes sur les conséquences possibles de différentes régulations du port d'armes.

B. Trafic d'armes et enjeux transnationaux

Le trafic d'armes est un problème mondial qui dépasse les frontières nationales, créant des défis significatifs pour les gouvernements et les organismes internationaux. Même dans les pays où les lois sur les armes à feu sont strictes, le commerce illégal des armes alimente souvent la criminalité et les conflits. Ce phénomène met en lumière les limites des politiques nationales lorsqu'elles ne sont pas soutenues par une coopération internationale efficace.

L'un des principaux problèmes liés au trafic d'armes est la porosité des frontières. Par exemple, en Europe, la circulation des armes entre les pays membres de l'Union européenne est difficile à contrôler, malgré les efforts de réglementation au niveau communautaire. Les armes légales dans un pays peuvent facilement être introduites clandestinement dans un autre, où elles alimenteront le marché noir. Cette situation est exacerbée par les conflits régionaux, comme ceux des Balkans, qui ont vu une prolifération d'armes légères après les guerres de la fin du XXe siècle.

En Amérique latine, le trafic d'armes en provenance des États-Unis est un problème majeur. Les cartels de la drogue et les groupes criminels organisés s'approvisionnent largement en armes à feu provenant du marché américain, ce qui alimente la violence dans des pays comme le Mexique, le Brésil, et le Venezuela. Les armes à feu contribuent ainsi à la consolidation du pouvoir des organisations criminelles, compliquant encore les efforts des gouvernements pour restaurer la sécurité et l'ordre public.

L'Afrique est également une région particulièrement touchée par le trafic d'armes, souvent en lien avec des conflits armés et des mouvements rebelles. Les armes circulent librement entre les zones de guerre, exacerbant les violences et rendant plus difficile la résolution des conflits. Le commerce illicite d'armes est souvent lié à d'autres activités criminelles transnationales, comme le trafic de drogue, la traite des êtres humains, et le financement du terrorisme.

Pour lutter contre ces enjeux transnationaux, des initiatives telles que le Traité sur le commerce des armes, adopté par l'ONU en 2013, visent à réguler le commerce international des armes conventionnelles et à prévenir leur détournement vers des utilisateurs non autorisés. Toutefois, la mise en œuvre de ces accords reste inégale, et le commerce illégal d'armes continue de prospérer, alimentant la violence dans de nombreuses régions du monde.

C. Influence des normes culturelles sur les politiques

Les normes culturelles jouent un rôle déterminant dans la manière dont les sociétés perçoivent le port d'armes et, par conséquent, dans la formulation des politiques publiques. La culture d'un pays influence non seulement les lois sur les armes à feu, mais aussi l'acceptation sociale de ces lois et leur application effective.

Aux États-Unis, la culture des armes est profondément enracinée, avec des valeurs historiques liées à la conquête de l'Ouest, l'indépendance individuelle, et la défiance envers l'autorité gouvernementale. Cette culture est souvent célébrée à travers des manifestations publiques, des compétitions de tir, et un discours politique qui met en avant le droit sacré de se défendre. Ce contexte culturel rend toute tentative de restriction du port d'armes politiquement délicate et souvent contestée.

En Suisse, où le taux de possession d'armes est également élevé, la culture des armes est liée à la tradition de la milice citoyenne. Chaque homme suisse en âge de servir dans l'armée conserve son arme de service chez lui, dans un esprit de préparation nationale. Cette tradition, bien que critiquée, n'est pas associée à une forte criminalité par arme à feu, en grande partie en raison d'une culture de responsabilité et de contrôle strict des munitions.

En revanche, dans de nombreux pays européens comme le Royaume-Uni ou l'Allemagne, la possession d'armes est beaucoup moins valorisée et souvent perçue comme une menace pour la sécurité publique. Les normes culturelles dans ces pays privilégient la sécurité collective sur la liberté individuelle de porter des armes, ce qui se traduit par des législations plus strictes et un soutien public pour des régulations rigoureuses.

Dans les pays asiatiques, tels que le Japon et la Corée du Sud, la possession d'armes est culturellement marginale, voire stigmatisée. Les normes sociales valorisent la cohésion et la sécurité collective, et les lois sur les armes reflètent cette priorité en interdisant presque totalement les armes à feu. Le faible taux de criminalité par arme à feu dans ces pays témoigne de l'alignement entre les lois et les valeurs culturelles.

En somme, les normes culturelles façonnent profondément les politiques nationales sur les armes à feu, influençant à la fois la formulation des lois et leur acceptation par la société. Comprendre ces influences est crucial pour toute tentative de réforme ou de mise en place de nouvelles régulations, car les politiques qui ignorent les fondements culturels risquent de rencontrer une résistance significative ou d'être inefficaces.

VII. Défis futurs et évolutions possibles

A. Impact des nouvelles technologies (impression 3D, etc.)

L'évolution rapide des technologies représente un défi majeur pour la régulation des armes à feu et pose de nouvelles questions en matière de sécurité. L'une des innovations les plus préoccupantes est l'impression 3D, qui permet de fabriquer des armes à feu chez soi, sans passer par les canaux traditionnels de production et de vente. Cette technologie, en constante amélioration, rend la fabrication d'armes de plus en plus accessible, échappant ainsi aux contrôles habituels comme les vérifications d'antécédents et les numéros de série.

Les armes fabriquées par impression 3D, parfois appelées "armes fantômes", sont souvent en plastique, ce qui les rend difficiles à détecter par les systèmes de sécurité conventionnels, comme les scanners dans les aéroports. De plus, l'absence de numéro de série empêche toute traçabilité, compliquant considérablement le travail des forces de l'ordre pour relier une arme à un crime ou à un propriétaire.

Les autorités font face à un véritable casse-tête en matière de réglementation. Alors que les lois actuelles tentent de s'adapter à ces nouvelles réalités, les individus motivés peuvent facilement accéder à des plans de conception d'armes sur Internet, contourner les lois locales en produisant eux-mêmes des armes à domicile, et même modifier ces plans pour les rendre plus mortels. Cette situation nécessite une révision des législations et une collaboration internationale pour contrôler la diffusion de ces technologies tout en respectant la liberté d'expression et d'innovation.

Au-delà de l'impression 3D, d'autres technologies, telles que l'intelligence artificielle et l'automatisation, pourraient également transformer l'industrie des armes. Les armes autonomes, capables de prendre des décisions sans intervention humaine, posent des questions éthiques et pratiques. Comment réglementer ces armes? Quels contrôles de sécurité mettre en place? Ces défis montrent que la technologie évolue souvent plus vite que la législation, nécessitant une anticipation et une adaptation continues des politiques publiques.

B. Changements démographiques et sociétaux

Les changements démographiques et sociétaux en cours vont également influencer la manière dont les armes à feu sont perçues et régulées dans le futur. Le vieillissement de la population dans de nombreux pays pourrait modifier les priorités en matière de sécurité et de protection personnelle. Les sociétés vieillissantes pourraient exiger des politiques de sécurité renforcées, mais avec une population plus vulnérable, le risque de violence et d'accidents liés aux armes à feu pourrait augmenter.

En parallèle, la migration et la diversité croissante des populations dans de nombreux pays modifient également les dynamiques sociales et culturelles. Des communautés avec des valeurs et des perspectives différentes sur le port d'armes se forment, ce qui peut conduire à des tensions et à des débats sur la place des armes à feu dans la société. Par exemple, certaines communautés peuvent avoir une tradition de possession d'armes pour la chasse ou la défense personnelle, tandis que d'autres peuvent avoir une culture de non-violence où les armes sont mal vues.

Ces changements pourraient pousser les gouvernements à réévaluer leurs politiques pour répondre aux besoins d'une population de plus en plus diversifiée. Le défi sera de trouver un équilibre entre les traditions et les nouvelles attentes sociétales, tout en assurant la sécurité de tous les citoyens. Les débats autour du port d'armes pourraient devenir plus polarisés, avec des groupes divers se disputant sur la meilleure approche pour gérer les armes à feu dans un contexte social en évolution rapide.

Les jeunes générations, en particulier, pourraient jouer un rôle clé dans l'évolution de ces politiques. Ayant grandi dans un monde où les fusillades de masse sont souvent médiatisées, ces générations pourraient favoriser des lois plus strictes sur les armes à feu. À l'inverse, dans certaines régions, les jeunes pourraient être influencés par des cultures pro-armes et soutenir le droit de posséder et de porter des armes. L'évolution des attitudes dans ces groupes démographiques pourrait avoir un impact significatif sur les politiques futures.

C. Équilibre entre sécurité et liberté dans un monde en mutation

Trouver un équilibre entre sécurité et liberté dans un monde en constante mutation représente un défi complexe pour les décideurs politiques. Les préoccupations liées à la sécurité augmentent en raison des menaces terroristes, des fusillades de masse, et de la criminalité croissante dans certaines régions. Ces défis incitent les gouvernements à envisager des mesures de sécurité renforcées, comme des restrictions plus strictes sur la possession d'armes, une surveillance accrue, et des technologies de détection avancées.

Cependant, ces mesures peuvent entrer en conflit avec les droits individuels et les libertés civiles, notamment le droit à la vie privée et la liberté de posséder des armes dans certains pays. Les partisans des libertés individuelles mettent en garde contre une tendance à sacrifier trop de libertés au nom de la sécurité, créant un État trop intrusif qui pourrait éventuellement mener à une perte de contrôle démocratique.

Dans ce contexte, les décisions politiques doivent constamment peser les avantages de la sécurité contre les coûts en termes de liberté. Cela pourrait inclure des discussions sur l'opportunité de renforcer les vérifications d'antécédents pour les acheteurs d'armes, d'imposer des restrictions sur certains types d'armes, ou d'introduire de nouvelles technologies de sécurité, comme les armes intelligentes, tout en protégeant les droits constitutionnels là où ils existent.

Le débat autour du port d'armes dans un monde en mutation sera probablement marqué par une tension continue entre ces deux pôles. Les événements mondiaux, tels que les attentats, les changements politiques, ou les crises économiques, pourraient faire pencher la balance en faveur de plus de sécurité ou de plus de liberté, en fonction des priorités sociétales du moment. La question de l'équilibre entre sécurité et liberté restera ainsi au cœur des discussions sur le port d'armes, nécessitant des solutions nuancées et adaptées aux contextes changeants.

CONCLUSION : Vers un consensus social sur le port d'armes ?

Le débat sur le port d'armes est complexe, polarisant, et profondément enraciné dans les valeurs, les peurs, et les aspirations des sociétés. D'un côté, les partisans du droit de porter des armes défendent ce qu'ils considèrent comme une garantie fondamentale de liberté et de sécurité individuelle. De l'autre, les opposants soulignent les dangers inhérents à la prolifération des armes, insistant sur les risques accrus de violence, d'accidents, et de désordres sociaux.

Dans ce contexte, parvenir à un consensus social sur la question du port d'armes peut sembler être une tâche ardue, voire impossible. Pourtant, des signes montrent que des terrains d'entente peuvent être explorés. L'analyse des différentes perspectives abordées dans cet ouvrage nous pousse à considérer plusieurs pistes de réflexion pour avancer vers une solution qui, sans satisfaire pleinement toutes les parties, pourrait contribuer à apaiser les tensions et à renforcer la cohésion sociale.

Tout d'abord, la notion de **compromis** émerge comme une voie potentiellement fructueuse. Plutôt que d'insister sur des positions extrêmes, une approche intermédiaire, axée sur des mesures de contrôle renforcées tout en respectant certains droits fondamentaux, pourrait gagner du terrain. Par exemple, l'instauration de vérifications d'antécédents rigoureuses, de formations obligatoires, et de restrictions sur les armes les plus dangereuses pourrait constituer un point de départ pour un dialogue constructif. Ces mesures, déjà en place dans plusieurs pays, ont montré qu'il était possible de réduire la violence par armes à feu sans pour autant nier complètement le droit de posséder une arme.

Ensuite, il convient de reconnaître l'importance de l'**éducation et de la sensibilisation**. Informer les citoyens sur les risques associés aux armes à feu, tout en les éduquant sur les responsabilités qui accompagnent leur possession, pourrait contribuer à un usage plus prudent et plus réfléchi des armes. Une société mieux informée est plus à même de comprendre les enjeux et de participer à un débat plus nuancé, loin des simplifications et des caricatures.

L'expérience internationale montre également que le **contexte culturel** joue un rôle clé dans la formation d'un consensus. Les sociétés qui ont réussi à développer une approche équilibrée du port d'armes l'ont souvent fait en tenant compte de leurs spécificités historiques, culturelles et sociales. Ainsi, plutôt que d'imposer un modèle unique, il pourrait être plus judicieux d'adapter les politiques en fonction des réalités locales, tout en cherchant à maintenir une cohérence nationale dans la protection de la sécurité publique.

Enfin, le **rôle de l'État** et des institutions est central dans ce processus. Une réglementation cohérente, appliquée de manière équitable, avec une transparence totale dans la prise de décision, est essentielle pour instaurer la confiance du public. Les citoyens doivent sentir que les lois sur les armes ne sont pas uniquement réactives mais bien le fruit d'une réflexion approfondie sur l'équilibre entre liberté individuelle et sécurité collective.

En conclusion, s'il est improbable de parvenir à un consensus absolu sur le port d'armes, il est possible de trouver des **solutions pragmatiques** qui répondent aux préoccupations légitimes des deux camps. Le chemin vers un consensus social passe par un dialogue ouvert, respectueux et éclairé, où les arguments sont évalués à la lumière des faits et non des passions. Dans un monde en perpétuelle mutation, il est crucial de rester flexible, d'adapter les politiques aux nouvelles réalités tout en préservant les valeurs fondamentales qui définissent nos sociétés. Ce livre, en présentant les différentes facettes de ce débat complexe, espère contribuer à cette réflexion collective et à l'élaboration de solutions qui, sans être parfaites, pourraient aider à construire une société plus sûre, plus juste et plus unie.

www.ingramcontent.com/pod-product-compliance
Lightning Source LLC
Chambersburg PA
CBHW070804250726

48662CB00004B/1964